DIE KÜSTE

OSTFRIESLAND

Sachbuchverlag Karin Mader

Fotos:
Dirk Rademaker

Text:
Martina Wengierek

© Sachbuchverlag Karin Mader
D-28879 Grasberg

Grasberg 1998
Alle Rechte, auch auszugsweise, vorbehalten.

Übersetzungen:
Englisch: Michael Meadows
Französisch: Mireille Patel

Printed in Germany

ISBN 3-921957-76-1

In dieser Serie sind erschienen:

»Das Land ist weit, in Winden, eben, sehr großen Himmeln preisgegeben.« Schon Rainer Maria Rilke geriet hier, zwischen Dollart und Jade, ins Staunen. Ostfriesland – das sind weite Wiesen mit Wallhecken, Alleen, vom Nordwestwind gekrümmt, kilometerlange Wasserläufe, Kutterhäfen an der Küste und sieben Inseln mit weißen Stränden und seltenen Biotopen. Mit der Eröffnung des Seebades auf Norderney im Jahre 1797 begann für Ostfriesland der Fremdenverkehr – heute ein wichtiger Wirtschaftsfaktor. Aus verträumten Sieldörfern, früher nur Fährhafen für den Verkehr zu den Inseln, wurden bekannte Küstenbadeorte. Das Binnenland mit seinen alten Backsteinkirchen und Mühlen, reetgedeckten Häusern, Burgen und Schlössern entwickelte sich zum Magnet vor allem für Radler und Wanderer.

Zwei Meisterleistungen sind es, die den Ostfriesen ihren Platz in der Geschichte sichern: der Bau der Deiche und der Abbau der Moore. Als wäre der ewige Kampf gegen die See nicht genug, gab Friedrich der Große 1765 den Anstoß für ein Projekt, was ebenso kräftezehrend werden sollte. Er versprach demjenigen Glaubensfreiheit und Befreiung vom Militärdienst, der bereit war, das ostfriesische Moor urbar zu machen. Und davon gab's damals reichlich. Zu Beginn des 17. Jahrhunderts war noch ein Viertel der Region von riesigen Hochmooren bedeckt. Erst, als man den Wert von Torf als Brennmaterial entdeckte, begann die planmäßige Erschließung. Ein mühsames Unterfangen: »Erst Tod und Not, dann Brot«, sagte man. Drei Generationen dauerte es, bis aus dem Moor ertragreicher Boden wurde.

Heute erstrecken sich an ihrer Stelle blühende Acker- und Weidelandschaften – so weit das Auge reicht. Kein Wunder: Was Besucher (vor allem aus südlichen Gefilden) »ziemlich platt« finden, ist für die Ostfriesen der ganze Stolz. Wenigstens, so meinen sie, wird der Blick auf ihre herbschöne Landschaft nicht von Bergen verstellt.

"A spacious land, lying flat in the wind, exposed to vast skies." Even Rainer Maria Rilke gazed in amazement here, between Dollart and Jade. Ostfriesland – a region of large meadows bordered by hedges, avenues, bent by the northwest wind, kilometers of rivers and streams, cutter harbors along the coast and seven islands with white beaches and rare biotopes. The opening of the seaside spa on Norderney in the year 1797 marked the beginning of tourism for Ostfriesland – today an important factor for the local economy. Sleepy villages, previously only ferry harbors for traffic to the islands, turned into well-known coastal resorts. The inland region with its old brick churches and mills, thatched-roof houses, castles and palaces developed into a magnet, particularly for cyclists and hikers.

Two brilliant achievements assured the people of Ostfriesland a place in history: the construction of the dikes and the reclamation of the bogs and moorland. As if the eternal struggle with the sea were not enough, Frederick the Great initiated a project which was to become just as exhausting. He promised those who were willing to reclaim Ostfriesland's moorland, and there was plenty of it at that time, freedom of worship and exemption from military service. At the beginning of the 17th century one-fourth of the region was covered by vast moors and bogs. It was only when the value of peat as fuel for heating was discovered that systematic development began. An arduous undertaking: "First death and deprivation, then bread", was a saying during that period. It took three generations to turn the moorland into fertile soil.

Today blooming stretches of farmland and meadows have taken their place – as far as the eye can see. No wonder: the area that visitors (especially from the south) find "quite flat" is the pride and joy of the people of Ostfriesland. At least, according to them, the view of the austere beauty of their countryside is not obstructed by mountains.

«Le pays est vaste, venteux, plat, à la merci de cieux immenses». Déjà Rainer Maria Rilke était saisi d'admiration pour ce paysage entre Dollart et Jade. La Frise orientale – ce sont de vastes prairies avec des haies, des allées d'arbres tordus par les vents du nord-ouest, des fossés longs de plusieurs kilomètres, des ports de pêche sur la côte et sept îles avec des plages de sable blanc et de rares biotopes. Avec la création de la station balnéaire de Norderney en 1797, les vacanciers commencèrent à affluer en Frise – ce qui constitue aujourd'hui une importante source de revenus pour la région. Les petits ports assoupis d'autrefois d'où partait le bac pour les îles, sont devenus des stations balnéaires connues. L'arrière pays avec ses vieilles églises de brique, ses moulins, ses maisons couvertes de chaume, ses forteresses et ses châteaux est devenu un véritable aimant, surtout pour les cyclistes et les amateurs de randonnées. Les Frisons se sont assurés leur place dans l'histoire par deux véritables tours de force: la construction de la digue et l'enlèvement des tourbières. Comme si la lutte éternelle contre la mer n'était pas suffisante, Frédéric le Grand, en 1765, initia un projet qui devait être tout aussi pénible. Il promit la liberté de confession et l'exemption du service militaire à tous ceux qui rendraient le marécage frison labourable. Il était encore considérable. Au 17e siècle, un quart de la région était couvert d'énormes tourbières. Ce n'est qu'avec la découverte de la valeur de la tourbe comme combustible que son exploitation devint systématique. Une entreprise fort laborieuse: «D'abord la mort et le besoin, puis le pain» disait-on. Cela prit trois générations avant que le sol ne produise suffisamment. Aujourd'hui, le marécage a été remplacé par de riches terres cultivées et des pâturages – à perte de vue. Ce que les visiteurs de régions plus méridionales trouvent «plutôt plat» fait toute la fierté des Frisons. Au moins, disent-ils, la vue de leurs paysages à la beauté sévère n'est pas dérangée par les montagnes.

Emden

Die Geschichte Emdens, der größten Stadt Ostfrieslands, reicht bis zum Beginn des 9. Jahrhunderts zurück. 700 Jahre später hatte sich Emden zu einer bedeutenden Seehandelsstadt gemausert. Dabei profitierte sie von den spanischen Erbfolgekriegen: Emden wurde zum Refugium Tausender protestantischer Glaubensflüchtlinge aus den Niederlanden. Den Blick vom Rathaus (oben) und eine Fahrt durch den Hafen sollte man sich nicht entgehen lassen.

The history of Emden, the largest city in Ostfriesland, dates back to the beginning of the 9th century. 700 years later Emden had transformed into an important maritime trade port. It also profited from the Spanish wars of succession: Emden became a refuge for thousands of Protestant religious refugees from the Netherlands. One should not pass up the view from the Town Hall (above) and a tour of the harbor.

L'histoire d'Emden, la plus grande ville de Frise orientale, remonte au début du 9e siècle. Sept cents ans plus tard Emden était devenu un important port de commerce. La guerre de Succession d'Espagne contribua à son essor car des milliers de protestants fuirent la Hollande pour venir s'y réfugier. Le visiteur appréciera la vue du haut de l'hôtel de ville et une visite du port.

Nachdem die Ems ihr Bett verlagert hatte, versandete der Seehafen. Erst um die letzte Jahrhundertwende verhalfen die Preußen der Stadt zu neuem Aufschwung. Sie bauten den Dortmund-Ems-Kanal und Hafenanlagen für den Umschlag von Erz und Kohle, vertieften den Weg zur offenen See. Heute verfügt Emden über einen der größten deutschen Massenguthäfen; er bildet neben Werften und VW den Hauptwirtschaftsfaktor.

After the Ems River shifted its bed, the seaport dried up. It was not until the turn of the last century that the Prussians helped the city to experience a new upswing. They built the Dortmund-Ems Canal and harbor facilities for the handling of ore and coal in addition to deepening the route to the open sea. Today Emden has one of Germany's largest bulk cargo harbors; this represents the city's main economic factor, besides shipyards and VW.

Le fleuve Ems ayant modifié son cours, le port de mer s'ensabla et ce n'est qu'au début du siècle que les Prussiens permirent à la ville de prendre un nouvel essor. Ils construisirent le canal de Dortmund-Ems et des installations portuaires pour le transbordement de l'acier et du charbon. Ils creusèrent le chenal vers la haute mer. De nos jours, Emden dispose de l'un des plus grands ports allemands de marchandises. C'est, avec les arsenaux et les usines VW, le principal agent économique de la ville.

Wer sich auf den Emskai schwingt, um die frische Brise von See zu genießen, darf sich wie »Dat Engelke up d'Müer« fühlen – der Engel, der im Stadtwappen Emdens seit rund 500 Jahren vor den Nordseewellen auf einer Mauer sitzt. Das Wappen, von Kaiser Maximilian I. verliehen, symbolisiert die Lage der Stadt, die sich als »Tor zur Welt« versteht.

Those who stroll along the Ems Quay to enjoy the fresh sea breeze will probably feel like "Dat Engelke up d'Müer", the angel, who, in Emden's coat-of-arms, has been sitting on a wall in front of the North Sea waves for roughly 500 years. The coat-of-arms, which was conferred by Kaiser Maximilian I., symbolizes the location of the city, which sees itself as a "gateway to the world".

Qui se hisse sur le quai de l'Ems pour jouir de la brise fraîche du large, aura le sentiment d'être devenu «Dat Engelke up d'Müer» – l'ange qui, depuis près de 500 ans, est assis sur un mur face aux vagues de la mer du Nord dans le blason de la ville. Ces armoiries furent accordées à la ville par l'empereur Maximilien I et symbolisent sa situation, de «porte sur le monde».

Fast alle historischen Gebäude der Stadt gingen im Feuersturm des Krieges unter. Auch das Renaissance-Rathaus, das seit seiner Einweihung im 16. Jahrhundert zu den schönsten Bauwerken auf niederdeutschem Boden zählte, wurde zerstört. Zu den wenigen Zeitzeugen, die die Luftangriffe überstanden, gehört der Wasserturm.

Almost all historical buildings in the city were lost in the storm of fire during the war. Even the Renaissance Town Hall, which numbered among the most beautiful edifices on Low German soil since its opening ceremony in the 16th century, was destroyed. The water tower is one of the few historical witnesses that survived the air raids.

Presque tous les bâtiments historiques de la ville furent détruits pendant la guerre. L'hôtel de ville Renaissance, considéré depuis son inauguration au 16e siècle comme l'un des plus beaux édifices de l'Allemagne du nord, périt, lui aussi, dans les flammes. Le château d'eau est l'un des rares témoins de son époque à avoir survécu aux bombardements.

Auf ihre Kunsthalle, die jährlich mehr als 100 000 Besucher anzieht, sind die Emdener besonders stolz. Der frühere »Stern«-Chefredakteur Henri Nannen machte sie seiner Heimatstadt zum Geschenk. Für die kulturelle Schmunzelecke sorgt ein anderer Sohn der Stadt: Otto Waalkes. Dem Komiker ist »Dat Otto-Huus« gewidmet.

The people of Emden are particularly proud of their "Kunsthalle" (Art Gallery), which attracts more than 100,000 visitors a year. The former chief editor of "Stern", Henri Nannen, gave it to his home town as a gift. Another city son, Otto Waalkes, provides for the comic side of culture. "Dat Otto-Huus" is dedicated to this comedian.

Les habitants d'Emden sont particulièrement fiers de leur musée des Beaux-Arts qui attire chaque année plus de 100 000 visiteurs. L'ancien rédacteur en chef de la revue «Stern», Henri Nannen, en fit don à sa ville natale. Un lieu à la fois culturel et comique: «Dat Otto-Huus» dédié à un autre fils de la ville, l'acteur comique Otto Waalkes.

Zu den Attraktionen zählen die Sammlungen im Ostfriesischen Landesmuseum mit der Rüstkammer im neuen Rathaus (unten). Daß die alten Ostfriesen nicht nur wehrhaft sondern auch pfiffig waren, beweist ein Gang durch die Lanzengalerie. Hier findet man Lanzen kombiniert mit einem Pullstock: Er diente zum Überspringen der zahlreichen Wassergräben. Friedrich der Große weiß, wo's am Schönsten ist: Vom größten deutschen Mündungs-Schöpfwerk an der Knock blickt er über den Dollart.

The collections in the Ostfriesland State Museum, with the armory in the New Town Hall (below), represent another attraction. A walk through the Lance Gallery shows that the old East Frisians not only knew how to defend themselves but were also clever. Here one can find lances combined with a pole: it was used to jump over the numerous ditches.
Frederick the Great knows the most beautiful place: at Knock he looks over the Dollart from the largest German water drawing machine at the mouth of a river.

L'une des attractions de la ville est l'Ostfriesische Landesmuseum et, en particulier, la salle des armes dans le nouvel hôtel de ville (ci-dessous). Une visite à la galerie des lances prouve que les Frisons d'autrefois étaient très ingénieux. On y trouve des lances munies d'un bâton qui servait à sauter par-dessus les nombreux fossés. Frédéric le Grand connaît l'endroit le plus beau. De la Knock, où se trouve la plus grande machine hydraulique d'Allemagne pompant l'eau de l'embouchure, il regarde vers le Dollart.

chen Strand, der durch gewaltige Unterwasser-buhnen entstand. Auch beim Bummel über die 6,4 Kilometer lange Strandpromenade gibt's immer etwas zu sehen.

Wilhelm Busch once came for health reasons: those who feel they need a vacation are in best keeping on Borkum. The westernmost and largest East Frisian island is a paradise for big and little guests. Most of all they appreciate the marvelous beach, which was formed through mighty underwater breakwaters. And there is always something to see while strolling along the 6.4-kilometer beach promenade.

Wilhelm Busch venait déjà s'y reposer: Borkum est un lieu de vacances idéal. C'est la plus grande et la plus occidentale des îles de Frise orientale et un véritable paradis pour les petits et pour les grands. Ils aiment surtout la plage magnifique résultant de la présence d'énormes brises-lames sous-marins. Sur la promenade de la plage, longue de 6,4 kilomètres, il y a toujours quelque chose à voir.

Borkum

Hier kurte schon Wilhelm Busch: Wer sich urlaubsreif fühlt, ist auf Borkum bestens aufge-hoben. Die westlichste und größte der ostfriesi-schen Inseln ist ein Paradies für große und kleine Gäste. Sie schätzen vor allem den herrli-

Gleich zwei Leuchttürme wachen im Nordwesten. Das erste Exemplar, 1576 von Emdener Kaufleuten errichtet, ist bis heute Wahrzeichen der Insel.

Two lighthouses stand watch to the northwest. The first one, set up by Emden merchants in 1576, is still a landmark of the city today.

Deux phares montent la garde au nord-ouest. Le premier, construit en 1576 par les marchands d'Emden, est, encore aujourd'hui, l'emblème de l'île.

Nachdem Borkum schon fast 30 Jahre Seebad-Tradition hinter sich hatte, wurde 1879 der Grundstein für einen neuen Leuchttrum gelegt.

After Borkum had already looked back on a 30-year tradition as a seaside health resort, the foundation stone was laid for a new lighthouse in 1879.

Le second fut construit en 1879 alors que Borkum était déjà une station balnéaire depuis plus de 30 ans.

Grabsteine belegen die lange Geschichte: Unter dem Namen »Borkyn« tauchte die Insel 1398 erstmals in einer Urkunde auf. Aber schon die Römer sollen sie gekannt haben. Borkums große Zeit kam mit dem Walfang. Im 18. Jahrhundert bescherte er den Fischern Wohlstand. Noch heute erinnern daran Walfischknochen, die zu Zäunen aufgestellt wurden (unten).

Gravestones are evidence of the long history: the island first appeared in a document under the name "Borkyn" in 1398. However, even the Romans are supposed to have known about it. In the 18th century it was a source of wealth for the fishermen. Today whale bones, which were set up as fences (below), still recall this fact today.

Les pierres tombales témoignent d'un passé ancien. L'île figure pour la première fois dans les chroniques en 1398 sous le nom de «Borkyn» mais elle aurait déjà été connue des Romains. La chasse à la baleine au 18e siècle apporta la prospérité aux pêcheurs. Des os de baleine servant de clôtures (ci-dessous) rappelent ceci.

Zur Reise in die Vergangenheit lädt das Heimat-museum ein. Eigentlich besteht Borkum aus zwei Inseln, aus dem West- und Ostland, die nur durch die Strandebene und den künstlich angelegten Dünenzug miteinander verbunden sind. Eine Sturmflut im 12. Jahrhundert riß das Land auseinander.

The Museum of Local History invites visitors to a trip into the past. Borkum actually consists of two islands, Westland and Ostland, which are connected to each other only by the beach and the artificially created dunes. A storm tide tore the land apart in the 12th century.

Le musée des Traditions Locales invite à faire un voyage dans le temps. En fait, Borkum est formée de deux îles, Westland et Ostland qui ne sont reliées que par la plage et la chaîne de dunes crées artificiellement. Un raz de marée au 12e siècle la coupa en deux.

Rysum

Auch musikbegeisterte »Landratten« lernen an der Küste das Staunen. Rund um den Dollart hatte sich im 15. Jahrhundert ein Orgelzentrum von europäischem Rang entwickelt – bis heute Mekka für Liebhaber und Experten. Eine der ältesten Orgeln Deutschlands steht in der Kirche von Rysum; das gotische Meisterwerk stammt aus dem Jahre 1457.

This coastal stretch even offers music-loving landlubbers something to marvel at. An organ center of European standing developed around the Dollart in the 15th century – it has remained a mecca for music lovers and experts up to today. One of the oldest organs in Germany is in the Rysum church; the Gothic masterpiece dates from 1457.

Les amis de la musique, eux aussi, s'émerveillent. Au 15e siècle, un centre de fabrication d'orgues de portée européenne, s'était développé autour du Dollart – il est demeuré une Mecque pour les amateurs et les experts. L'un des plus vieux orgues d'Allemagne se trouve dans l'église de Rysum. Ce chef-d'œuvre gothique date de 1457.

Pewsum

Krummhörn ist eine Küstenregion, in der man nie genau sagen kann, ob sie zum Land oder zum Meer gehört, weil sie von Hunderten von Wasserläufen durchzogen ist. Hier liegen einige der schönsten Ortschaften Ostfrieslands. Zum Beispiel die alte Häuptlingsstadt Pewsum mit ihrem Freilichtmuseum.

Krummhörn is a coastal region where one can never say whether it is really part of the land or of the sea because hundreds of water channels run through it. Some of the most beautiful places in Ostfriesland are located here. For example, the old town of Pewsum with its open-air-museum.

Krummhörn est une région côtière dont il est difficile de dire si elle est terrestre ou marine car elle est parcourue de centaines de cours d'eau. Quelques-unes des petites villes sont parmi les plus belles de Frise orientale. Pewsum, par exemple, ancienne résidence des seigneurs, avec son musée en plein air.

Hinte

Von der fast 1000jährigen Geschichte Hintes blieb nur die Osterburg erhalten (oben). Die Manningaburg in Pewsum, von Poppo Manninga 1458 erbaut und früher mit einem Wassergraben umgeben, dient inzwischen als Museum.

Only Osterburg (above) remains to testify to Hinte's almost 1000-year-old history. Manningaburg in Pewsum, built by Poppo Manninga in 1458 and formerly surrounded by a moat, now serves as a museum.

De l'histoire presque millénaire d'Hinte il ne reste que l'Osterburg (ci-dessus). Le Manningaburg à Pewsum, construit en 1458 par Poppo Manninga, était jadis entouré de douves. Il abrite à présent un musée.

Pilsum · Greetsiel

Die Spur der Häuptlinge führt auch nach Pilsum, wo die Beningas residierten. Da ihre Burg 1407 von den Hamburgern zerstört wurde, stieg der Leuchtturm zum Markenzeichen auf. Als Schmuckstücke in der Landschaft blieben zahlreiche Windmühlen erhalten, die zum Teil als Museen oder Teestuben einen neuen Zweck erfüllen. Beliebtes Ziel nostalgischer Pilgerfahrten: Greetsiel.

The trail of the so-called "headmen" also leads to Pilsum, where the Beningas resided. Since their castle was destroyed by the city of Hamburg in 1407, the lighthouse became a landmark. Numerous windmills remained intact as gems in the countryside, some of which now serve a new purpose as museums or tea-rooms. A favorite destination for nostalgic pilgrimages: Greetsiel.

Les traces des seigneurs locaux mènent aussi à Pilsum où résidait les Beningas. Leur forteresse ayant été rasée en 1407 par les Hambourgeois, le phare devint l'emblème de la ville. De nombreux moulins à vent ornent le paysage. Convertis en musée ou en salon de thé, ils remplissent une nouvelle fonction. Greetsiel: but favori de pélerinages nostalgiques.

Krabben frisch vom Kutter, Klönschnack mit den Fischern, Tuckern und Möwengeschrei – all das gibt's im Hafen von Greetsiel. Vor seinen Toren lieferte sich 1525 der dänische Seeräuber Kniephof mit der Hamburger Flotte ein dramatisches Gefecht. Wie die Friesen heute leben? Ein Bummel durch die Straßen verrät kleine Details.

Shrimp fresh from the fishing boat, a chat with the fishermen, chugging and the cry of the seagulls – there is all of this in Greetsiel's harbor. The Danish pirate, Kniephof, fought a dramatic battle with the Hamburg fleet outside of the town in 1525. How do the people of Friesland live today? A walk through streets reveals small details.

Des crevettes directement du cotre, une bavette avec les pêcheurs, le halètement des moteurs, et les cris de mouettes. Il y a tout cela dans le port de Greetsiel. En 1525 le pirate danois Kniephof et la flotte hambourgeoise se livrèrent un combat dramatique devant ses portes. Comment les Frisons vivent-ils aujourd'hui? une promenade à travers les rues révèle de petits détails.

Norden

St. Ludgeri in Norden ist die größte mittelalterliche Kirche Ostfrieslands und berühmt für ihre Arp-Schnitger-Orgel von 1688. Im 14. Jahrhundert war sie nur ein paar Schritte vom Wasser entfernt. Damals war Norden durch Einbrüche der Nordsee für kurze Zeit Hafen- und Handelsstadt geworden.

St. Ludgeri in Norden is the largest medieval church in Ostfriesland and famous for its Arp Schnitger organ dating from 1688. In the 14th century it was only a few steps away from the water. At that time Norden became a port and trading town for a short time as a result of penetration of the North Sea.

L'église St. Ludgeri de Norden est la plus grande église médiévale de Frise orientale. Elle est célèbre pour son orgue d'Arp Schnitger de 1688. Au 14e siècle elle n'était qu'à quelques pas de l'eau. La mer du Nord ayant submergé une partie de la côte, Norden était devenu temporairement un port et une ville de commerce.

Architektur-Schatz in Norden: Eines der imposantesten Bauwerke Ostfrieslands, das Schöningh'sche Haus, entstand von 1565-76 im Stil der flämischen Hochrenaissance. Neben diesem stattlichen Patrizierhaus blieben auch einige Giebelhäuser am Markt erhalten.

An architectural gem in Norden: one of the most imposing edifices in Ostfriesland, the Schöningh'sche Haus, built in Flemish High Renaissance style from 1565-76. In addition to this splendid patrician's house, some gabled houses at the marketplace are also still intact.

Un trésor architectural à Norden: la Schöningh'sche Haus, l'un des bâtiments les plus imposants de Frise orientale fut construite de 1565 à 76 dans le style de la haute Renaissance flamande. En plus de cette superbe maison patricienne le Markt a conservé quelques belles maisons à pignons.

Als Seehafen ist Norden inzwischen durch Verschlickung, Eindeichung und Landgewinnung bedeutungslos geworden. Wen es zum Strand zieht, muß in den Ortsteil Norddeich fahren. Magnet vor allem für Kinder ist die Seehund-Aufzuchtstation, in der Heuler liebevoll aufgepäppelt werden und das Nationalparkzentrum.

As a seaport, Norden has now become insignificant as result of sedimentation, building of dikes and land reclamation. Those who are attracted to the beach have to go to Norddeich. The seal-raising station, at which young seals are lovingly nursed back to health, is a magnet, particularly for children as well as the National Park Center are magnets.

Par suite de l'envasement, de la construction de digues et de l'assèchement des terres, Norden a perdu toute importance en tant que port de mer. Qui aime la plage doit se rendre à Norddeich. La grande attraction du lieu, surtout pour les enfants, est la station d'élevage des phoques dans lequelles ces animaux sont dorlottés et choyés et le parc national.

Wer vom Festland nach Norderney übersetzt, nimmt den gleichen Weg wie einst die hannoverschen Könige. Sie hatten Deutschlands erstes Nordseeheilbad, das 1797 entstand, als Sommerresidenz auserkoren. Auch Heinrich Heine und Theodor Fontane schätzten Norderney als Refugium.

Those who takes the ferry from the mainland to Norderney follow the same route as Hanover's kings once did. They chose Germany's first North Sea spa, which came into being in 1797, as their summer residence. Heinrich Heine and Theodor Fontane also valued Norderney as a refuge.

Qui se rend de la terre ferme à Norderney suit les traces des rois de Hanovre de jadis. Norderney était devenue la première station balnéaire d'Allemagne en 1797 et ces souverains en avaient fait leur résidence d'été. Henri Heine et Theodor Fontane y séjournaient aussi volontiers.

Norderney

Aus Anlaß der Reichsgründung 1871 wurde auf der Insel ein Denkmal aus Steinen errichtet, die deutsche Städte und Provinzen gestiftet hatten. In der Wilhelminischen Zeit war die Insel bevorzugter Prominenten-Treffpunkt. Zu den Gästen zählten Kaiser Wilhelm II., Otto von Bismarck und Gustav Stresemann.

At the occasion of the founding of the Reich in 1871 a monument was set up on the island using stones that German cities and provinces had donated. During the Wilhelminian period the island was a popular meetingplace for prominent persons; the guests included Kaiser Wilhelm II, Otto von Bismarck and Gustav Stresemann.

Pour célébrer la fondation de l'Empire en 1871, les villes et les provinces allemandes firent construire sur l'île un monument de pierre. Norderney était à cette époque le rendez-vous des personnalités de premier plan. L'empereur Guillaume II, Otto von Bismarck et Gustav Stresemann y séjournèrent.

Keine Chance für Langeweile: Wer auf Norderney baden will, kann mit dem Elektro-Kurexpreß über die Promenade zum Nordstrand fahren oder sich per Bus zur »Weißen Düne« chauffieren lassen. Angeboten werden vogelkundliche Exkursionen, Fahrten zu den Nachbarinseln und Helgoland, zur Vogelinsel Memmert und zu den Seehundsbänken. Auf Wanderfreunde wartet ein 80 Kilometer langes

No chance for boredom: those wishing to swim on Norderney can take the "Elektro-Kurexpress" via the promenade to Nordstrand or be driven to the "White Dune" by bus. Ornithological excursions, trips to the neighboring islands and Helgoland, to the bird island of Memmert and to the seal banks are offered. An 80-kilometer-long network of paths awaits hiking enthusiasts. The protective embankments to the west

Impossible de s'ennuyer: qui veut se baigner à Norderney peut se rendre à Nordstrand par la Promenade avec l'«Elektro-Kurexpress» ou prendre l'autobus pour les «Weißen Düne». Il est possible de faire des excursions ornithologiques, des traversées vers les îles voisines et Helgoland ainsi que vers l'île aux oiseaux de Memmert et les bancs de phoques. Les amateurs de randonnées peuvent profiter d'un

Wegenetz. Die Schutzanlagen im Westen und Norden zählen zu den gewaltigsten an der Nordsee. Auf ihnen verlaufen, teilweise dreifach gestaffelt, die über sieben Kilometer langen Strandpromenaden. Sollten die Füße nicht mehr tragen, geht nichts über eine Rast auf der »Marienhöhe« – bei einer klassischen Tasse Ostfriesentee.

and north are among the largest on the North Sea. The over seven-kilometer-long beach promenades, on three levels in some sections, have been set up on top of them. If your feet are exhausted, there is nothing like a rest at "Marienhöhe" – over a classical cup of Ostfriesen tea.

réseau de chemins long de 80 km. Les travaux de protection de la côté, à l'ouest et au nord, comptent parmi les plus considérables de la mer du Nord. Ils soutiennent la Strandpromenade, longue de plus de 7 km et formant parfois trois étages. Si la marche vous a fatigué, vous pourrez faire une halte sur la «Marienhöhe» et déguster une traditionnelle tasse de thé frisonne.

Das Fischerhaus-Museum und die Napoleon-schanze, die die Franzosen während der Kontinentalsperre errichteten, entführt den Besucher ebenso in längst vergangene Zeiten wie die Inselmühle von 1862, die einzige auf einer Ostfriesischen Insel. Norderney ist für viele Wechselbäder gut: Gleich nebenan stößt man auf das

The Fischerhaus-Museum and the "Napoleon-schanze" (Napoleon Entrenchment), which the French set up during the Continental System, takes visitors back to long past times just as the Island Mill from 1862 does, the only one on an East Frisian island. Norderney is a good place for contrasts: right next door one encounters the

Le Fischerhaus-Museum et la Napoleon-schanze que les Français construisirent pendant le blocus continental plongent le visiteur dans un passé lointain de même que le moulin de 1862, le seul qui se trouve dans les îles de Frise orientale. Norderney offre bien des contrastes: tout près de là, cafés et les bou-

quirlige Leben unserer Tage mit Cafés und kleinen Einkaufsmeilen. Doch selbst das moderne Kurzentrum hat sich das Flair des frühen Aufbruchs bewahrt: In seinem Kern stammt es noch aus königlich-hannoverscher Ära und verknüpft Biedermeier mit Moderne.

bustling life of the present with cafés and small shopping districts. However, even the modern town center has retained the flair of the spa's early days: its core dates back to the royal Hanoverian era and combines Biedermeier with the modern age.

tiques tourbillonnent de vie. Pourtant même l'établissement balnéaire moderne a gardé le charme de ses débuts: son noyau central date encore du temps des rois de Hanovre et unit le style Biedermeier au moderne.

see, ein Süßwassersee. Er entstand, als Juist
– im 17. Jahrhundert von einer Sturmflut ent-
zwei gerissen – im Verlauf von 200 Jahren wieder zusammenwuchs.

It measures only 500 meters at its widest point,
but with a length of 14 kilometers Juist is the
longest East Frisian island. Instead of cars, there
are large quantities of water, beaches, seabirds
and botanical rarities. Hammersee, a freshwater
lake, is considered to be a unique phenomenon.
It came into being when Juist – torn in two by a
storm tide in the 17th century – was in the pro-
cess of growing back together again over the
course of 200 years.

D'une largeur maximale de 500 mètres et l'une
longueur de 14 kilomètres, Juist est la plus longue des îles de Frise orientale. Il n'y a pas d'autos mais en revanche de l'eau, du sable, des
oiseaux de mer et des plantes rares à volonté.
L'Hammersee, un lac d'eau douce, est considéré
comme un phénomène unique en son genre. Il se
forma alors que Juist fut rompue en deux parties
par un raz de marée au 17e siècle et se ressouda
au cours des deux siècles qui suivirent.

Juist

Nur maximal 500 Meter breit, dafür aber 14
Kilometer lang ist die längste Ostfriesen-Insel
Juist. Hier gibt's statt Autos nur jede Menge
Wasser, Strand, Seevögel und botanische Raritä-
ten. Als einmaliges Phänomen gilt der Hammer-

Juist wurde 1398 erstmalig erwähnt und ist seit 1840 als Bad bekannt. Mehrere Sturmfluten haben die Insel durchbrochen; 1717 vernichtete eine Flut das Dorf, das daraufhin im Ostteil neu entstand. Was es für die Bevölkerung, Seefahrer und Fischer bedeutet, mit den Unwägbarkeiten der Nordsee zu leben, dokumentiert eindrucksvoll das Küstenmuseum. Angesichts neuer Gefahren wie Müllberge, Algenwachstum und Fischsterben blicken die ostfriesischen Inseln inzwischen auch nach vorn: Sie haben sich zu-

Juist was first mentioned in 1398 and has been known as a spa since 1840. Several storm tides have broken the island in two; in 1717 a flood destroyed the village, which was later rebuilt in the eastern section. The Coast Museum impressively documents what it means for the population, seafarers and fishermen to live with the imponderability of the North Sea. In view of new dangers, such as garbage heaps, growth of algae and dying fish, the East Frisian islands are looking ahead now: they have joined forces in

Juist fut mentionnée pour la première fois en 1398 et est connue comme station balnéaire depuis 1840. Plusieurs raz de marée ont déferlé sur l'île. En 1717 l'un d'eux détruisit le village qui fut reconstruit à l'est. Ce que cela signifie pour la population, les marins et les pêcheurs de vivre avec les hasards de la mer du Nord est documenté de façon impressionnante par le Küstenmuseum. Face aux nouveaux dangers que représentent les montagnes d'ordures, la croissance des algues et la mort des poissons,

sammengeschlossen, um offensiv für den Schutz ihrer Umwelt einzutreten. Über Umweltbelastungen des Wattenmeeres und Strategien zur Erhaltung seines ökologischen Gleichgewichts kann man sich auch auf Juist informieren: im Nationalpark-Haus.
Bild links: Domizil einer „Meisterwerkstatt für Blechblasinstrumente".
Bild oben: Fischerstube im Küstenmuseum.

order to take an active stand for the protection of their environment. One can also obtain information on environmental pollution of the so-called "Wattenmeer" and strategies to maintain its ecological balance in the National Park House.
Picture on left: domicile of a "master workshop for brass instruments".
Picture above: fishermen's room in Coast Museum.

les îles de Frise orientale passent à l'offensive. Elles se sont unies pour défendre activement leur environnement. A Juist, dans la Nationalpark-Haus on peut se renseigner sur les problèmes relatifs à l'environnement de la Wattenmeer et les stratégies employées pour maintenir son équilibre écologique.
Photo à gauche: l'atelier d'un facteur d'instruments à vent. Photo ci-dessus: salon d'un pêcheur dans le Küstenmuseum.

Baltrum

»Dornröschen der Nordsee« wird sie genannt – und genauso romantische Gefühle weckt Baltrum, die kleinste der Inseln, auf der Autoverkehr und Camping verboten sind. Erst 1876 kamen die ersten Kurgäste; dem Zauber blühender Rosen, wogender Kiefernwäldchen und herrlicher Dünen kann sich bis heute niemand entziehen.

It is called the "Sleeping Beauty of the North Sea" – and Baltrum, the smallest of the islands where cars and camping are not allowed, arouses the same romantic feelings. The first spa guests did not arrive until 1876; and even today no one can escape the enchantment of blossoming roses, undulating pine forests and marvelous dunes.

On appelle Baltrum «la Belle au Bois Dormant» de la mer du Nord. La plus petite des îles de Frise orientale où les autos et le camping sont interdits, suggère précisément de tels sentiments romantiques. Les premiers curistes n'y vinrent

qu'en 1876 et, maintenant encore, personne ne résiste au charme de ses roses en fleurs, de ses petits bois de pins bercés par le vent et de ses magnifiques dunes.

Dornum

Burgenromantiker dürfen Dornum auf keinen Fall versäumen. Die Norderburg aus dem 14. Jahrhundert ist Ende des 17. Jahrhunderts zu einem barocken Wasserschloß umgebaut worden und gilt seither als bedeutendster Schloßbau Ostfrieslands.

Castle romantics should, by no means, miss Dornum. Norderburg, dating from the 14th century, was converted into a baroque castle surrounded by water at the end of the 17th century and since then has been regarded as the most significant castle edifice in Ostfriesland.

Les amateurs de vieilles forteresses ne doivent pas manquer de se rendre à Dornum. Le Norderburg du 14e siècle qui fut converti au 17e siècle en un château baroque à douves est considéré comme le château le plus important de Frise orientale.

Von der Beninga-Burg (um 1400) blieben zwei Flügel erhalten. Der südliche hat dabei ein Säulenportal, wie es auch im Hof des Wasserschlosses zu finden ist. Außerdem sehenswert in Dornum: die gotische Backsteinkirche St. Bartholomäus und die Bockwindmühle von 1626.

Two wings of the Beninga-Burg (around 1400) have remained preserved. The south wing has a colonnaded doorway, as can also be found in the courtyard of the castle surrounded by water. Another sight worth visiting in Dornum: the Gothic brick St. Bartholomäus Church and the windmill from 1626.

De la forteresse de Beninga (vers 1400) il ne reste que deux ailes. L'aile sud est dotée d'un portail à colonnes comme il en existe un également dans la cour du château à douves. Dornum possède aussi une église du gothique de brique, St. Bartholomäus et un moulin à vent de 1626.

Esens

Wer den Rittern auf den Fersen bleiben will, sollte in Esens die evangelische Kirche aus dem 19. Jahrhundert besuchen, vor der das Wappentier der Stadt wacht. In St. Magnus ruht Sibet Attena, dem man nach seinem Tod 1473 einen prächtigen Sarkophag schuf; auf seinem Deckel wurde der Verstorbene als plastische Statue in voller Rüstung verewigt.

Those who want to stay on heels of the knights should visit the Protestant 19th-century church in Esens, in front of which the heraldic animal of the town keeps watch. Sibet Attena, for whom a magnificent sarcophagus was made after his death in 1473, lies in St. Magnus; the deceased was immortalized as a statue in full armor on the lid.

Qui veut suivre les chevaliers à la trace devrait visiter à Esens l'église protestante du 19e siècle devant laquelle l'animal Héraldique de la ville monte la garde. Dans l'église St. Magnus repose Sibeth Attena. Après sa mort survenue en 1473, on lui fit un magnifique sarcophage sur le couvercle duquel il est représenté, armé de pied en cap.

Das Schloß von Esens gibt's nicht mehr; es wurde Mitte des 18.Jahrhunderts auf Befehl Friedrichs des Großen abgetragen. Dafür lohnt ein Blick ins Rathaus und seinen eindrucksvollen Ahnensaal, der 1756 entstand. Damals durfte sich Esens bereits über 200 Jahre Stadt nennen.

Esens Castle no longer exists: it was torn down at the order of Frederick the Great in the midle of 18th century. On the other hand, is is worthwhile taking a look at the Town Hall and its impressive ancestral portrait room, which was set up in 1756. At that time Esens had already called itself a city for over 200 years.

Le château d'Esens n'existe plus. Il fut démantelé au 18e siècle sure l'ordre de Frédéric le Grand. En revanche l'hôtel de ville avec son impressionnante salle des Ancêtres de 1756 mérite une visite. Esens possédait alors le droit de ville depuis déjà 200 ans.

Langeoog

Langeoog genießt den Ruf, die sportlichste der Inseln zu sein. Tennis-, Surf-, Golf- und Reitfans kommen nicht zu kurz – und alle, die gut zu Fuß sind: Wenn man erst mal den Wasserturm erklommen hat, liegt einem ein kleines Paradies zu Füßen. Auf der Insel ist außerdem eine der höchsten Erhebungen Osttrieslands zu finden: die 21 Meter hohe Melkhörn-Düne.

Langeoog enjoys the reputation of being the most sporting island. Not only tennis, windsurfing, golf and riding fans get their money's worth – all those steady on their feet as well: once you have climbed up the water tower, a small paradise lies at your feet. In addition, one of the highest elevations in Ostfriesland can be found on the island: the 21-meter-high Melkhörn Dune.

Langeoog a la réputation d'être la plus sportive des îles de Frise. Les amateurs de tennis, de surf, de golf et d'équitation sont comblés et tous ceux qui ont bon pied: une fois gravies les marches du château d'eau, le visiteur découvre un véritable petit paradis à ses pieds. Sur l'île se trouve aussi l'un des sommets les plus hauts de Frise orientale: la dune de Melkhörn haute de 21 mètres.

Schon zur Zeit der Seeräuber im 14. und 15. Jahrhundert bestand auf Langeoog ein lebendiges Gemeinwesen. Zu den Anziehungspunkten gehören seit 1981 das Schiffahrtsmuseum und das Rettungsboot „Langeoog", das 1949 in Dienst gestellt wurde und im Kurzentrum seinen letzten Hafen gefunden hat.

A lively community existed on Langeoog as early as the time of the pirates in the 14th and 15th centuries. The Shipping Museum and the lifeboat, "Langeoog", which went into service in 1949 and found its last berth in the town center, have been points of attraction since 1981.

Déjà du temps des pirates, aux 14 et 15e siècles, existait à Langeoog une communauté très active. Depuis 1981 l'île a deux attractions de plus, le musée de la Navigation et le bateau de sauvetage «Langeoog» qui fut mis en service en 1949 et a rejoint son dernier port dans le Kurzentrum.

Das Leben mit der See ist überall gegenwärtig – auch in der Kirche von Langeoog, die ein Segelschiff-Modell schmückt. Hier mag so manches Gebet für »unser täglich Brot« gesprochen worden sein, denn das war auf der Insel früher keine Selbstverständlichkeit. Nur wenn das Fährschiff kam, gab es Hefe. Dann wurde eine Flagge gehißt, und alle wußten: der Sonntagskuchen ist gesichert.

Life with the sea is present everywhere – even in Langeoog's church, adorned by a model sailboat. Many a prayer was probably said for "our daily bread" because that was not a matter of course on the island in the past. There was only yeast when the ferry came. Then a flag was raised and everyone knew: Sunday cake was saved.

La vie avec la mer est partout présente – dans l'église de Langeoog également. Le modèle réduit d'un bateau à voiles la décore. Ici les insulaires durent prier bien souvent pour que leur «pain quotidien» leur soit accordé car la vie était dure jadis sur l'île. Il n'y avait de la levure que lorsque le bac l'apportait. On hissait alors un drapeau et tout le monde savait: le gâteau du dimanche était assuré.

Neuharlingersiel

Auch Ostfriesland hat sein »Venedig«: Neuharlingersiel an der Mündung der Harle. Das quirlige Fischerdorf und Nordseebad bietet vor allem am Hafen herrliche Fotomotive. Höhepunkt jeden Sommers ist die Regatta der Krabbenkutter. Wen die Sehnsucht packt, darf für einen stilechten Kurztörn mit an Bord.

Ostfriesland has its "Venice", too: Neuharlingersiel at the mouth of the Harle. The lively fishing village and North Sea spa offers wonderful photographic motifs, especially in the harbor. The high point of every summer is the regatta of shrimp boats. Those with a yearning can go on board for a genuine, short fishing cruise.

La Fries orientale a, elle aussi, sa «Venise»: Neuharlingersiel à l'embouchure de la Harle. Ce village de pêcheurs et station balnéaire déborde de vie et son port offre de magnifiques sujets de photographies. Point culminant de l'été: la régate des cotres à crevettes. Qui est pris de nostalgie peut monter à bord et faire un tour comme un vrai marin.

Lang, lang ist's her, als Seebären auf ihren Frachtenseglern ein Patentrezept gegen wochenlange Flauten erfanden: Erst eine »Buddel verlöten« (Flasche leeren), dann ein Schiff hineinbasteln und es als bestauntes Souvenir mit nach Hause bringen. Heute ist diese Handwerkskunst fast ausgestorben. Einige der schönsten Klipper, Briggs und Barken, die sich im Glas mit geblähten Segeln durch die Wogen kämpfen, haben im Buddelschiffmuseum Neuharlingersiel festgemacht.

It was a long, long time ago when seadogs invented a patent remedy for weeks of calm weather on their cargo sailing ships: first "Buddel verlöten" (a bottle was emptied), then a ship was put together inside and brought home as a souvenir to be marvelled at. Today this craft has nearly died out. Some of the most beautiful clippers, brigs and barques that battled the waves with blown sails in a bottle have made fast in the Buddelschiff Museum near Neuharlingersiel.

Il y a bien bien longtemps que les loups de mer sur les voiliers découvrirent un remède contre les longues semaines d'accalmie. D'abord «eine Buddel verlöten» (vider une bouteille) puis y confectionner un bateau et la ramener à la maison où elle suscitera l'admiration. De nos jours cet artisanat a presque disparu. Quelques-uns des plus beaux clippers, bricks et trois-mâts qui déployaient leurs voiles dans le verre ont jeté l'ancre au Buddelschiffmuseum de Neuharlingersiel.

Spiekeroog

Der Ortskern der grünen Insel Spiekeroog vermittelt pure Idylle. Mit der Dachkonstruktion des Inselhauses aus dem frühen 18. Jahrhundert hat es eine sehr urtümliche Bewandnis: Das Dach läßt sich mit ein paar Handgriffen vom Haus lösen, so daß es zu einem Floß wird. So haben sich einst die Bewohner bei schweren Fluten aufs Festland gerettet.

The heart of the town on the green island of Spiekeroog conveys the atmosphere of an idyll. There is a very elemental reason for the roof construction of the "Inselhaus" dating from the early 18th century: the roof can be detached from the house in next to no time so that it becomes a raft. The residents once rescued themselves during severe floods by reaching the mainland in this way.

Le centre de l'île verte de Spiekeroog est véritablement idyllique. Le toit de l'Inselhaus du 18e siècle a une allure archaïque: il peut être facilement enlevé de la maison et transformé en radeau. Les habitants pouvaient ainsi atteindre la terre ferme lorsque des inondations se produisaient.

Es war eine stürmische Novembernacht, als die Dreimastbark »Johanna« 1854 vor Spiekeroog strandete. An Bord: 230 Auswanderer mit dem Ziel Baltimore. 80 verloren ihr Leben. Das Unglück gab den Anstoß für die Gründung der Deutschen Gesellschaft zur Rettung Schiffbrüchiger. Unzählige Schiffe ereilte hier das gleiche Schicksal, wie etwa 1588 das Flaggschiff der spanischen Armada. Apostelbilder, Pietà und Kanzel in der Inselkirche (Foto) stammen vermutlich aus diesem Wrack.

It was a stormy November night when the 3-master "Johanna", ran aground off Spiekeroog in 1854. On Board: 230 emigrants with Baltimore as their destination. 80 lost their lives. The accident triggered the founding of the German Society for Rescuing Shipwrecked Persons. Innumerable ships succumbed to the same fate here, such as the flagship of the Spanish Armada in 1588. Pictures of apostles, pietà and pulpit in the island church (photo) presumably originate from this wreck.

Par une nuit de novembre de l'année 1854 alors que la tempête faisait rage, le trois-mâts «Johanna» échoua devant Spiekeroog. A bord se trouvaient 230 émigrants à destination de Baltimore. Quatre-vingts d'entre eux périrent. Cette catastrophe est à l'origine de la fondation de la Société Allemande de Sauvetage des Naufragés. De nombreux bateaux avaient subi ici le même sort, tel le vaisseau amiral de l'Armada espagnole en 1538. Les apôtres, la Pietà et la chaire dans l'église de l'île (photo) proviennent probablement de cette épave.

Schiffen hinterherträumen, sich in die Brandung stürzen, Wattwandern, Surfen oder einfach aus dem Strandkorb in die Sonne blinzeln und tiiieef durchatmen – wer einmal an der Küste Ostfrieslands war, kommt immer wieder.

Dreaming about ships, jumping into the surf, walking in the mud-flats, windsurfing or just squinting into the sun from the beach chair and taking a deep breath – whoever has been to Ostfriesland's coast once will come back again and again.

Poursuivre les bateaux de ses rêves, se précipiter dans le ressac, faire des randonnées dans le «Watt» ou du surf – ou simplement s'asseoir dans une corbeille de plage, clignoter des yeux au soleil et respirer à pleins poumons. Qui est venu une fois sur la côte de Frise orientale y revient toujours.

Wittmund

Die Wittmunder finden, daß ihre Stadt eine der gemütlichsten im Lande ist. Für die Probe aufs Exempel spaziert man am besten durch den hübschen Schloßpark, zu den Wallanlagen und zum Heimatmuseum in der Peldemühle (Foto).

The people of Wittmund feel that heir city ist one of the cosiest in the country. To put this claim to the test, the best thing is to walk through the lovely Schloßpark, to the embankment and to the Museum of Local History in Peldemühle (photo).

Les habitants de Wittmund sont d'avis que leur ville est la plus agréable du pays. Pour s'en assurer, le mieux est de se rendre aux «Wallanlagen» et au musée des Traditions Locales dans le moulin de Peldemühle (photo) en passant par le joli parc du château.

Carolinensiel

Es hat Jahrzehnte gedauert, bis sich die Reize der Region herumgesprochen hatten. »Wo die Friesen hausen, da laßt uns schnell vorübersausen«, lautete früher angeblich ein geflügeltes Wort. Inzwischen haben Radler, Angler und Wassersportler den Küstenstreifen längst als ideales Revier für sich entdeckt. Auf der Hitliste für Freizeitkapitäne ganz oben: Carolinensiel

It took decades before the charms of the region go around. "Wherever the Frisians live, let's fly past", was supposed to be a standard remark in the past. Now cyclists as well as fishing and water sports enthusiasts have long discovered the coastal strip here as an ideal spot for themselves. At the top of the hit list for boating fans: Carolinensiel

Ce n'est qu'au bout de nombreuses décades que les charmes de la région ont commencé à être connus. «Filons là où les Frisons ont leur maison» se chuchotait-on jadis, paraît-il. Depuis ce temps, les cyclistes, les pêcheurs et les amateurs de sports aquatiques ont découvert la côte et se la sont appropriée. Grand favori des capitaines du dimanche: Carolinensiel

Harlesiel

In Harlesiel mit seinem Sandstrand und ge-
zeitenunabhängigen Seewasser-Schwimmbad
haben Badenixen immer Hochsaison. Gleich
neben dem Hafen wartet eine Überraschung: die
Barock-Kirche von 1776.

Bathing beauties are always in season in Harlesiel with its sandy beach and seawater swimming
pool, which is not influenced by the tides. A
surprise awaits visitors right next to the harbor:
the baroque church dating from 1776.

Harlesiel avec ses plages de sable et sa piscine
d'eau de mer indépendante des marées est la
favorite des nixes en toutes saisons. La petite
ville réserve une surprise tout près de son port:
l'église baroque de 1776.

Wangerooge

Wenn man's genau nimmt, ist Wangerooge gar keine ostfriesische Insel, denn sie gehört seit 1818 zum Verwaltungsbezirk Oldenburg. Der 56 Meter hohe Westturm (links) ist Wahrzeichen der Insel. Er ersetzt seit 1933 einen Vorgängerbau aus dem 16. Jahrhundert (damals Seezeichen und Kirche), der 1914 aus militärischen Gründen gesprengt wurde.

To be exact, Wangerooge is not an East Frisian island at all since it has been part of the administrative district of Oldenburg since 1818. The 56-meter-high West Tower (left) is a landmark of the island. In 1933 it took the place of a preceding edifice dating from the 16th century (then a navigational aid and church), which was blown up for military reasons.

Pour qui veut être exact, Wangerooge n'est pas une île de Frise orientale puisqu'elle fait partie, depuis 1818, du district administratif d'Oldenbourg. La Westturm, haute de 56 mètres (à gauche), est l'emblème de l'île. Elle a remplacé en 1933 une construction qui datait du 16e siècle et était à la fois indicateur maritime et une église. Elle fut dynamitée en 1914 pour des raisons stratégiques.

Nur noch ein Museumsstück: der Alte Leuchtturm von Wangerooge aus dem Jahre 1855. In
seinem Innern werden Etappen der Inselge-
schichte präsentiert. Wer den Aufstieg in 39
Meter Höhe nicht scheut, wird mit einem groß-
artigen Rundblick belohnt.

Now only a museum piece: the Old Lighthouse
on Wangerooge dating from 1855. Stages of the
island's history are presented inside it. Those
who venture the ascent to a height of 39 meters
will be rewarded with a magnificent panoramic
view.

Ce n'est plus qu'une pièce de musée: le vieux
phare de Wangerooge de 1855. A l'intérieur les
étapes de l'histoire de l'île y sont représentées.
Qui ne craint pas de monter à une hauteur de 39
mètres sera récompensé par une vue admirable.

Schon auf den Seekarten aus dem 14.Jahrhundert war Wangerooge eingezeichnet. Mit ihnen würden Navigatoren die Insel heute glatt verfehlen: Sie hat sich nämlich innerhalb der vergangenen 300 Jahre einmal um die eigene Länge nach Osten verlagert, weil das Meer ständig Sand von der West- zur Ostküste trägt.

Wangerooge was already marked on nautical charts from the 14th century. Navigators today would miss the island altogether with these charts: it has shifted to the east by a distance equal to its own length within the past 300 years because the sea constantly carries sand from the west to the east coast.

Wangerooge était déjà mentionnée sur les cartes maritimes du 14e siècle mais un navigateur se servant d'elles aujourd'hui, louperait l'île. En effet, au cours de ces 300 dernières années, elle s'est déplacée vers l'est de sa propre longueur car la mer transporte constamment le sable de la côte ouest à la côte est.

Hooksiel

Der idyllische Fischereihafen von Hooksiel lockt ständig Zaungäste an, die sich den Duft von Salz und Fisch um die Nase wehen lassen. Seine kleine Flotte läuft von hier zum Krabben- und Miesmuschelfang in die Nordsee aus.

The idyllic fishing port of Hooksiel continually attracts guests whose noses are filled with the odor of salt and fish. Its small fleet sails out to catch shrimp and mussels in the North Sea from here.

L'idyllique port de pêche d'Hooksiel attire tous ceux qui aiment l'odeur de l'iode et du poisson. Sa petite flotte va dans la mer du Nord pêcher les crevettes et les moules.